BEI GRIN MACHT SICH IHR WISSEN BEZAHLT

- Wir veröffentlichen Ihre Hausarbeit, Bachelor- und Masterarbeit

- Ihr eigenes eBook und Buch - weltweit in allen wichtigen Shops

- Verdienen Sie an jedem Verkauf

Jetzt bei www.GRIN.com hochladen und kostenlos publizieren

Lisa Balihar

Frauen in Avedons Fotografie

GRIN Verlag

Bibliografische Information der Deutschen Nationalbibliothek:

Die Deutsche Bibliothek verzeichnet diese Publikation in der Deutschen National-
bibliografie; detaillierte bibliografische Daten sind im Internet über http://dnb.d-
nb.de/ abrufbar.

Impressum:

Copyright © 2010 GRIN Verlag GmbH
Druck und Bindung: Books on Demand GmbH, Norderstedt Germany
ISBN: 978-3-640-79428-7

Dieses Buch bei GRIN:

http://www.grin.com/de/e-book/164238/frauen-in-avedons-fotografie

GRIN - Your knowledge has value

Der GRIN Verlag publiziert seit 1998 wissenschaftliche Arbeiten von Studenten, Hochschullehrern und anderen Akademikern als eBook und gedrucktes Buch. Die Verlagswebsite www.grin.com ist die ideale Plattform zur Veröffentlichung von Hausarbeiten, Abschlussarbeiten, wissenschaftlichen Aufsätzen, Dissertationen und Fachbüchern.

Besuchen Sie uns im Internet:

http://www.grin.com/

http://www.facebook.com/grincom

http://www.twitter.com/grin_com

Humboldt-Universität zu Berlin
Philosophische Fakultät III
Institut für Kulturwissenschaft
Sommersemester 2010
GK: Die Kulturgeschichte der Models

Ausarbeitung

Frauen in Avedons Fotografie

KF: Kulturwissenschaft
4. Fachsemester

Elisabeth Balihar

Berlin, den 20.08.2010

Inhaltsverzeichnis

1. Kurzüberblick über sein Schaffen

Richard Avedon (Abb.1) war der Sohn eines jüdisch-russischen Einwanderers. Sein Vater besaß in den 20er und 30er Jahren in New York ein erfolgreiches Damenbekleidungsgeschäft mit dem Namen „Avedon's Fifth Avenue". Avedon, der am 15. Mai 1923 in New York geborene und am 1. Oktober 2004 in San Antonio gestorbene US-Fotograf, gehörte zu den bekanntesten und einflussreichsten Meistern seines Fachs. Viele seiner Aufnahmen sind zu Legenden der Wahrnehmung von Persönlichkeiten, Gesellschaft und Mode geworden.

Er wurde als Berufsfotograf in der Modebranche tätig, nachdem er bei der Handelsmarine in der fotografischen Abteilung für die Passbilder der Marinesoldaten verantwortlich war. Seine frühe Karriere fiel in die Zeit des amerikanischen Fotojournalismus, welche ihn in seiner Neugier und Experimentierfreude unterstützte. Viele Fotografen waren Anfang des 20. Jahrhunderts für Gesellschaftsfotografie und Mode, wie für den Fotojournalismus, auch Bildjournalismus tätig. In den 1920er und 30er Jahren etablierte sich das Foto in der Presse und unterstütze so journalistische Nachrichtentexte. Damit wuchs die Anzahl von Bildern in der Nachrichtenwelt. Die Fotos sollten dokumentarischen Wert beinhalten und objektiv die Nachricht veranschaulichen.

In der Zeit von 1945 bis 1965 arbeitete er bei Alexey Brodovitch (Abb.2) und avancierte in dieser Zeit zu einem der berühmtesten Modefotografen der Welt. Anschließend arbeitete er für die Vogue, zu dessen Mitarbeiterstab er bis zu seinem Tode gehörte. Des Weiteren trat er 1992 die Stelle des Cheffotografen beim „New Yorker" an, wo seine aufsehenerregenden Bilder bis zu letzt erschienen.

Neben der Modefotografie etablierte er sich als Porträtfotograf, der u.a. die Präsidentengattin Jackie Kennedy exklusiv im Weißen Haus aufnehmen durfte. Avedon bekam aber auch die Chance andere Persönlichkeiten wie die Beatles, Marilyn Monroe, Brigitte Bardot, Louis Armstrong, Elton John, Charly Chaplin etc. abzulichten. Er erregte Anstoß bei den doktrinären Hütern der traditionellen Kunstfotografie, indem er Regeln überschritt, welche bis dato die Szene prägten. Beispielsweise widersetzte er sich den gegebenen Kameraformaten, er vergrößerte Fotos auf zwei Meter Höhe und lehnte es strikt ab, die Ränder unter einem Passepartout oder in einem Rahmen zu verstecken.

In dieser Ausarbeitung möchte ich zeigen, welche die prägenden Einflüsse waren, die Richard Avedon zu seinem Stil führten und ihn zu einem der bedeutendsten Fotografen des letzten Jahrhunderts machten.

2. Bewegte und Idealisierte Bilder

Er revolutionierte zusammen mit dem Fotografen Irving Penn die Porträtfotografie des 20. Jahrhunderts, indem er dunkle, emotional aufgeladene Porträts schuf, darunter eine große Folge von Porträtaufnahmen. Daneben schuf er mit seinen bewegten Straßenbildern etwas Neues in der bis dahin starren Modewelt.

Avedon machte sich bereits Anfang der 1950er Jahre einen Namen als führender Modefotograf der Welt. Er ließ seine Modelle tanzen, springen, rennen, aber auch sitzen und dabei lachen oder mit einem stillen Blick in die Ferne gucken. Er nahm sie aus den Ateliers und Studios mit auf die Straße, genauer die Pariser Straßen (Abb.3,4,5). „Avedons weibliche Pariser Models sehen allesamt aus wie unbemerkt aufgenommene Daisys und Isabels, die männlichen [Modelle wirkten eher] wie Grafen und Prinzen vom europäischen Festland oder distinguierte Briten auf Urlaub in Frankreich. [...] Avedon vermenschlicht hier die Haute Couture im Stil großer Literatur und bereitet uns zugleich auf die Ankunft des Supermodels – benannt, bekannt und geliebt – vor, das alles, was es trägt, mit seiner unverwechselbaren Persönlichkeit adelt."[1]

Die Situationen, in denen Avedon seine Modelle fotografierte, scheinen wie zufällig entdeckt. Bereits Munkacsi[2] hatte bei seinen Modeaufnahmen das Studio verlassen und hatte die „Mannequins", wie sie damals genannt wurden, in alltäglicher Umgebung fotografiert. Avedon ging noch einen Schritt weiter, er wurde als Fotograf modisch gekleideter Frauen gewissermaßen zum Regisseur, die Models zu SchauspielerInnen.

Dieser temperamentvollen, expressiven Darstellung gegenüber standen idealisierte, ausgebleichte Modelle, die wie Statuen wirkten und an die Fotos mit seiner Schwester Louise erinnern. Louise war zwei Jahre jünger als Richard und Interviews mit Avedon zufolge, eine wunderschöne Frau, deren Schönheit ihr Untergang war[3].

---

[1] Avedon, Richard: Woman in the Mirror / Anne Hollander [Essay]. - München : Schirmer/Mosel, 2005, S. 239.
[2] Martin Munkácsi war ein bedeutender Modefotograf des 20. Jahrhunderts. Er verband seine Erfahrungen aus der Sportfotografie mit der Modefotografie und revolutionierte die Modefotografie, indem er mit speziellen Techniken Bewegung innerhalb des statischen Mediums der Fotografie umsetzte. Vgl. URL: http://de.wikipedia.org/wiki/Martin_Munk%C3%A1csi (Zugriff: 02.08.2010).
[3] (s. Punkt 3).

Eines seiner eindrucksvollsten idealisierten Portraits ist das der Bildhauerin June Leaf (Abb.6). Sie steht in der Mitte und wirkt starr, wie ein Baum. „Wo sonst bei Avedon die Geste der Hände eine große Rolle spielt, vermeidet June Leaf diese Pose und verschränkt die Arme vor dem Körper, als würde sie sich selbst umarmen."[4] Sie wirkt verschlossen, aber im selben Moment könnte man denken, sie will dem Betrachter etwas mitteilen.

Ein weiteres idealisiertes Portrait ist das Dyptichon[5] des Tramps Clarence Lippard. Er verkörpert eine natürliche Eleganz und Geschmack in der Art und Weise seines Gesichtsausdrucks. „[E]inmal durch seine Augen und die sonnengegerbte Haut [zum anderen] durch seine Haltung, die seine schmuddeligen Klamotten zum Haute-Couture-Anzug werden lassen"[6](Abb.7).

Ebenso idealisiert hat Avedon auch seinen Freund Andy Warhol (Abb.8). Bei ihm hat er keinen weißen, sondern einen grauen Hintergrund gewählt, um die Narben zwar in den Mittelpunkt zu stellen, aber die Nacktheit und schonungslose Gewissheit des Vorhandenen nicht zu potenzieren. Warhol selbst zu seinem Porträt „Ich sah aus wie ein Dior-Kleid, nein, wie ein Yves-Saint-Laurent Kleid, lauter Nähte."[7] Aber auch Dorian Leigh lichtete er in idealisierter Pose ab. Sie wirkt versunken in Gedanken.

Mehr als 50 Jahre lang war Richard Avedon einer der bedeutendsten Fotografen in der Modeindustrie. Er hatte einen Starstatus, den er über viele Jahre hinweg bewahren konnte.

3. Seine Models

„Als Avedon professioneller Modefotograf wurde, waren Fotomodelle noch keine Berühmtheiten; ihre Arbeit trug kein Prestige ein, und fast niemand kannte ihren Namen", schreibt Anne Hollander in ihrem Essay, der im Band „Woman in the Mirrow" posthum erschienen ist.[8] Umso erstaunlicher ist, dass Avedon sich gegen diese Betrachtung der Modewelt und der Models sträubte. Die zuvor posierenden Mädchen und Frauen waren bekannt für ihre Unnahbarkeit, die durch ihre schaufensterpuppenartige Präsentation auf Fotos geschaffen wurde. „Dabei kam ihm zu Gute, dass sich zu Beginn seines Schaffens auch der

---

[4] Tobias, Daniela: Richard Avedon, 10. Juli 2005. URL: http://www.photozeichen.de/images/referat-avedon-portrait.pdf (Zugriff: 31.06.2010).

[5] Ein Dyptichon ist ein aus zwei Teilen bestehendes Bild. URL: http://kulturserver-nds.de/home/malerei1/kunst/d.html (Zugriff: 02.08.2010).

[6] Tobias, Daniela: Richard Avedon, 10. Juli 2005. URL: http://www.photozeichen.de/images/referat-avedon-portrait.pdf (Zugriff: 31.06.2010).

[7] Sontheimer, Michael: Attentat auf Andy Warhol, 2008. URL: http://einestages.spiegel.de/static/topicalbumbackground/2063/1/_der_mann_ist_eine_biologische_katastrophe.html (Zugriff: 02.08.2010).

[8] Avedon, Richard: Woman in the Mirror / Anne Hollander [Essay]. - München : Schirmer/Mosel, 2005, S. 238.

kulturelle Stellenwert der Mode allmählich änderte. Umgekehrt trug Avedon durch seine faszinierende Arbeit auch dazu bei, diesen Wandel zu beschleunigen."[9]

Sein erstes Modell war seine jüngere Schwester Louise (Abb.9). Sie muss eine außerordentliche Schönheit gewesen sein, so schön, dass ihr Aussehen ihr immer und überall eine Sonderstellung verlieh. Im Alter von 43 Jahren starb sie in einer psychiatrischen Klinik. In vielen Interviews sprach Avedon von ihr, von der Isolation, in die sie die Makellosigkeit trieb. Tatsächlich fand er Schönheit oft dort, wo er sie nicht vermutet hatte – in alten, faltigen Gesichtern, die auf seinen Fotos aussehen wie fein eingemeißelte Kostbarkeiten.

Seine Porträtaufnahmen und Modeaufnahmen von Frauen, haben ein bestimmtes Schönheitsideal definiert. Zitat aus „der Freitag" im Bereich Kultur vom 24.11.2000, „[z]ugleich bin ich in einem Frauenhaushalt aufgewachsen. Wie ein Spion aus einem anderen Land habe ich meine Mutter, meine Schwestern und meine ältere Cousine beobachtet. Ich bekam hautnah mit, was für Mühen sie auf sich nahmen, um den Männern zu gefallen, wie wichtig es ihnen war, schön zu sein, mit einem bestimmten Hut, einer Frisur oder einem Lippenstift Eindruck zu machen. Die Anspannung, mit der sie ihre Auftritte vorbereiteten, war für mich geheimnisvoll und verlockend. Ich habe große Bewunderung für die Tapferkeit entwickelt, mit der sie sich den prüfenden Blicken gestellt haben."[10]

Avedons Frauenporträts umfassen ca. fünf Jahrzehnte und beinhalten Bilder von Marilyn Monroe, Dovima bis hin zu Nadja Auermann. Avedon begann in den frühen 50er Jahren seinen Weg in der Modefotografie und dominierte das Genre in wenigen Jahren. Zuvor wurde im Harper's Bazaar und in der Vogue meist die Kleidung an der Frau gezeigt und das Model vernachlässigt. Avedons Titelseiten bildeten hauptsächlich Frauen in Kleidern ab, dies wird besonders in den Pariser Straßenfotos sichtbar. Die Modelle konnten durch die Bewegungen die statischen Atelierfotos ersetzten und vergaßen dabei nicht selten die Kamera. „[W]enn er photographierte, waren die Frau und die Schauspielerin eins, und jede von beiden war eigentlich Venus, in einer ihrer unzähligen Verkleidungen".[11] Avedon sah Mode und Porträt-Fotografie nicht getrennt. In der Bewegung und dem Ausdruck der Models wurde die Mode eins mit der Persönlichkeit ihrer Trägerinnen.

---

[9] ebd., S. 238.
[10] Midding, Gerhard: Unverdiente Intimität. In: Der Freitag von 24.11.2000. URL.: http://www.freitag.de/kultur/0048-unverdiente-intimitaet (Zugriff: 02.08.2010).
[11] Avedon, Richard: Woman in the Mirror, S. 246.

Zu seinen Lieblingsmodels zählten u.a. die bekanntesten und bestverdienensten weiblichen Models wie Dovima, (Dorothy Virginia Margaret Juba), Dorian Leigh, Suzy Parker und in den 50er Jahren Veruschka, (Vera Gottliebe Anna Gräfin von Lehndorff).

Dovima wurde 1949 von einer Mitarbeiterin der Modezeitschrift Vogue angesprochen, zu Probeaufnahmen eingeladen und schon einen Tag später von dem bekannten Fotografen Irving Penn abgelichtet. Schnell avancierte sie mit 30 US-Dollar pro Stunde zu den erfolgreichsten Models der Agentur Ford.[12] Im August 1955 entstand das berühmte Foto (Abb.10) von Avedon „Dovima with the Elephants" im Pariser Cirque d'hiver. Avedon ging es nicht darum, ein bestimmtes Kleid zu verkaufen. Er wollte etwas Außergewöhnliches schaffen. Wie in einem Traum wiegt sich die zierliche Figur zwischen den massigen Tieren und wirkt zwischen ihren wuchtigen Beschützern umso zarter. Die Tiere verehren in Avedons Fotos schöne Frauen genauso wie Männer. Das Bild lebt vom Reiz des Kontrastes und ist gleichzeitig insgesamt Ausdruck unbeschreiblicher Eleganz. Es markiert den Beginn einer neuen Ära inszenierter Fotografie und wird auch heute noch gern als Motiv verwendet. Beispielsweise bei einem Fotoshooting für die Fernsehzeitschrift TVDigital mit dem Model Janina aus der TV-Serie Germanys Next Topmodels (Abb.11,12) oder im Pirelli-Kalender von 2009 (Abb.13,14). Die neuesten Fotos die man als Hommage an Avedons Elefantenfotos, wenn auch nicht so gelungen, verstehen kann, sind bei der aktuellen Staffel von Germanys Next Topmodel entstanden (Abb.15,16).

Auch Dorian Leigh war nicht nur Model sondern in den 40er und 50er Jahren auch Schauspielerin. Allein im Jahr 1946 war sie sieben Mal Covergirl der Vogue. Berühmt wurde sie jedoch als Gesicht für Revlons „Fire and Ice"-Kampagne in den fünfziger Jahren. Auf Avedons frühen Fotos wirkt sie immer ein bisschen kühl und unnahbar (Abb.17,18), später bekommt ihr Gesicht etwas weiches, aber sie wirkt stets wie ein Grande-Dame (Abb.19).

Suzy Parker, eigentlich Cecilia Ann Renee Parker (Abb.20), verdankt ihre Karriere ihrer älteren Schwester, die vorher erwähnte Dorian Leigh. Leigh verhalf ihr zum Vertrag bei Eileen Ford, einer sehr bekannten Model-Agentin. Sie versprach zu Fords Agentur zu wechseln, wenn sie dafür ihre kleine Schwester unbesehen engagieren würden, was Ford tat und es nicht bereute, denn Parker wurde sogar noch erfolgreicher als ihre berühmte Schwester. Suzy Parker war das erste Model, das 100 Dollar pro Stunde bekam, später lag

---

[12] Wikipedia: Dovima. URL.: http://de.wikipedia.org/wiki/Dovima (Zugriff: 02.08.2010).

ihre Gage sogar bei 200 Dollar. Ihr Jahreseinkommen betrug 100.000 Dollar. Auch deswegen gilt sie für viele als das erste Supermodel. Der rothaarigen Schönheit schien all das nicht zu reichen. Neben einem kleinen Ausflug als Fotografin für die französische Vogue war sie ab 1957 als Schauspielerin aktiv. Suzy Parker verstarb im Jahr 2003.[13]

Veruschka alias Vera Gräfin von Lehndorff (Abb.21,22), das letzte Model auf welches ich eingehen möchte, kann als das erste deutsche Supermodel bezeichnet werden. In den 60er-Jahren die Muse von Foto-Genies wie Richard Avedon und Irving Penn „prägte [sie] als Kunstfigur mit Hang zu Metamorphosen die Modefotografie ihrer Zeit."[14] Sie selbst sagte später in einem Interview zu ihrer Zusammenarbeit mit Richard Avedon „We were so connected, if you have that, you get the best. It's an love affair, because the baby is born as a beautiful picture"[15]. Für sie waren die Begegnungen mit Avedon in seinem Studio wie Magie, vom Eintritt in die Räume bis zur Verabschiedung.

In einem Spiegel-Interview von 1994 antwortet er auf die Frage nach der Ähnlichkeit seiner Schwester Louise zu seinen Modellen, welche meist schmal und brünett waren, „[d]as stimmt. Ich habe es allerdings erst viel später bemerkt. Bei Louise habe ich erlebt, wie Schönheit ein Leben vernichten kann. Meine Eltern und ich haben immer nur ihr wunderbares Haar, ihre Augen, ihre langen Beine gesehen. Ich glaube, Louise war davon überzeugt, daß sie nur aus ihrem Äußeren bestand. Sie hat sich schließlich ganz in sich selbst verkrochen."[16]
Diese Degradierung auf die Schönheit als einziges Merkmal, wäre in der Modefotografie das Schreckliche, die Frauen werden als reine Objekte betrachtet, nicht als Modelle mit Persönlichkeit und Charakter. Avedon hat mit seiner Entwicklung als Fotograf versucht diese statuenhafte und starre Sicht aus seinen Bildern zu verbannen und sie lebendiger und persönlicher erscheinen zu lassen.[17]

[13] Wikipedia: Suzy Parker. URL: http://en.wikipedia.org/wiki/Suzy_Parker (Zugriff: 02.08.2010).
[14] Taube, Dagmar von: Veruschka von Lehndorff - Supermodel und Super-Exzentrikerin. In: Die Welt vom 17.11.08. URL: http://www.welt.de/lifestyle/article2738150/Supermodel-und-Super-Exzentrikerin.html (Zugriff: 02.08.2010).
[15] YouTube: Veruschka URL: http://www.youtube.com/watch?v=1f3ApRb50H0 (Zugriff: 02.08.2010).
[16] Weingarten, Susanne: „Jedes Foto ist ein Tod" - Der Fotograf Richard Avedon über Moral, Modebilder und die Unsterblichkeit. In: Der Spiegel von 19.09.1994, S. 234 URL: http://wissen.spiegel.de/wissen/image/show.html?did=9289381&aref=image017/SP1994/038/SP199403802300235.pdf&thumb=false (Zugriff: 02.08.2010).
[17] vgl. ebd. .

4. Machart der Fotos

Avedon glaubte, dass sich die Seele eines Menschen im Äußeren offenbaren kann und komponierte und intensivierte diese Elemente der persönlichen Oberfläche zu einer Aussage über den Menschen. Nach einen guten Porträt in einem Spiegel-Interview gefragt, sagte er: "Die Oberfläche ist das einzige, womit ich arbeiten kann. Ich kann mich nur an den wahren Charakter eines Porträtierten herantasten, indem ich die Äußerlichkeiten - seine Gesten, seine Kleidung, seinen Ausdruck - auf absolut treffende Art und Weise arrangiere"[18]. Avedon sagt und zeigt, dass Fotografie nur Oberflächen abbildet, denn die Tiefe steckt dahinter. Deshalb vielleicht auch die Wahl des weißen Hintergrundes bei etlichen seiner schwarz-weiß Porträts.

Das Model steht allein da, ohne jeglichen Requisiten, meist ohne Schatten gesetztes Licht. „Mit der 20 x 25 cm-Kamera drängt er sein Gegenüber in einen Raum, aus dem es kein Entrinnen gibt."[19] Ebenso wichtig wie das Kameraformat, war die Frage der Hintergrundfarbe bei seinen Porträtphotos. Weiß oder Grau. „Ich arbeite von Anfang an mit weißem Hintergrund: Ich benutze Grau nur, wenn seine viktorianische Romantik im Widerspruch zum Inhalt stand - z.B. bei Andy Warhol, der seine Narben zeigt, oder bei den vietnamesischen Napalmopfern. [...] Als jemand der den weißen Hintergrund liebt, erscheint es mir seltsam, daß ein grauer oder getönter Hintergrund niemals leerer Hintergrund bezeichnet wird. Aber in gewisser Hinsicht stimmt das. Ein dunkler Hintergrund füllt. Ein weißer Hintergrund entleert. Ein grauer Hintergrund scheint auf etwas hinzuweisen - auf den Himmel, eine Mauer, eine tröstliche und beruhigende Atmosphäre -, was ein weißer Hintergrund nicht erlaubt..."[20]

Avedons meist auf weißem Hintergrund angefertigten Portraits sind schonungslos und bringen das Innerste des Menschen an die Oberfläche. Er hat kaum über Gesichter gesprochen, lediglich über Oberflächen. „Ich habe großes Vertrauen in Oberflächen. Sind sie gut, bergen sie viele Zeichen und Hinweise."[21] Seine Porträts, gerade die aus der Serie „In the American West", die im Auftrag eines örtlichen Museums entstanden, zeigen wie er mit Licht und weißem Hintergrund gearbeitet hat. Der so entstehende intensive Ausdruck der Modelle

[18] ebd., S. 230.
[19] Avedon, Richard: Richard Avedon Porträts : [anlässlich der Ausstellung Richard Avedon Portraits im Metropolitan Museum of Art, New York]. München : Knesebeck, 2002, S. 14.
[20] Avedon, Richard: Evidence 1944 - 1994, Richard Avedon : [anlässlich der Ausstellung "Richard Avedon: Evidence 1944 – 1994" ...]/ Hrsg. Mary Shanahan. München [u.a.] : Schirmer/Mosel, 1994, S. 59.
[21] Weingarten, Susanne: „Jedes Foto ist ein Tod" – Der Fotograf Richard Avedon über Moral, Modebilder und die Unsterblichkeit. In: Der Spiegel von 19.09.1994, S. 234 URL: http://wissen.spiegel.de/wissen/image/show.html?did=9289381&aref=image017/SP1994/038/SP199403802300235.pdf&thumb=false (Zugriff: 02.08.2010).

wirkt schonungslos, sehr reduziert, konzentriert und schafft direkten Augenkontakt mit dem Betrachter und stellt Unruhe her, da man dem Blick kaum entweichen kann (Abb. 23,24).

So schnörkellos seine Fotos das wesentliche herausstellen, so sollten der weiße Hintergrund und die schwarz-weiß Technik auch gegen eine Ikonisierung der berühmten Persönlichkeiten aus Film, Politik und Kultur wirken. Diese Art der Fotografie verzichtet auf Ablenkungen in Form von Landschaft oder Gegenständen aller Art, nur die Person wird dargestellt. Diese Konzentration aufs Wesentliche verleiht den Bildern ihre immense Tiefe (Abb. 25,26,27).

Diese direkte und einprägende Art seiner Bilder, die akribische Komposition dahinter, die wie zufällig gefunden wirkt, machten ihn zu einem der gefragtesten Fotografen des 20. Jahrhunderts.

5. Abbildungsverzeichnis:

Abb.1: Richard Avedon. URL: http://www.lensculture.com/mt_files/archives/avedon_portrait.j pg (Zugriff: 02.08.2010)	
Abb.2: Alexey Brodovitch. URL: http://28.media.tumblr.com/tumblr_kzo7z7IPkp1qb4w8yo1_40 0.jpg (Zugriff: 25.07.2010)	
Abb.3: Suzy Parker Robin Tattersall. URL: http://2.bp.blogspot.com/_CM1pqhodMRQ/S3GXma0lZ1I/AA AAAAAADgE/fLEIL1KzF_k/s400/Suzy_Parker-and-Robin_Tattersall-at-Moulin-Rouge-1957.jpg (Zugriff: 02.08.2010)	
Abb.4: Carmen. URL: http://www.richardavedon.com/#mi=2&pt=1&pi=10000&s=18 &p=0&a=1&at=0 (Zugriff: 02.08.2010)	
Abb.5: Suzy Parker und Robin Tattersall. URL: http://www.closetcouture.com/attachments/blogentry/2002/ (Zugriff: 02.08.2010)	
Abb.6: June Leap. URL: http://www.metmuseum.org/special/Richard_Avedon/images/5 .R.jpg (Zugriff: 02.08.2010)	

Abb.7: Clarence Lippard. URL: http://www.richardavedon.com/#mi=2&pt=1&pi=10000&s=16 &p=7&a=0&at=0 (Zugriff: 02.08.2010)	
Abb.8: Andy Warhol. URL: http://bp0.blogger.com/_kR9eZk0adUI/Riw-Lf8Z6AI/AAAAAAAACi4/Thn83AJ4TQw/s200/Richard+Ave don+-+Andy+Warhol.jpg (Zugriff: 02.08.2010)	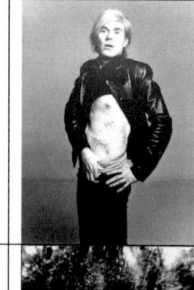
Abb.9: Louise Avedon. URL: http://www.nytimes.com/slideshow/2005/09/16/fashion/20050 918_AVEDON_SLIDESHOW_2.html (Zugriff: 10.08.2010)	
Abb.9: Dovima. URL: http://www.richardavedon.com/#mi=2&pt=1&pi=10000&s=16 &p=7&a=0&at=0 (Zugriff: 02.08.2010)	
Abb.10: Janina. URL: http://www.modepilot.de/2008/05/31/was-wurde-richard-avedon-sagen/ (Zugriff: 02.08.2010)	
Abb.11: Janina. URL: http://www.modepilot.de/2008/05/31/was-wurde-richard-avedon-sagen/ (Zugriff: 02.08.2010)	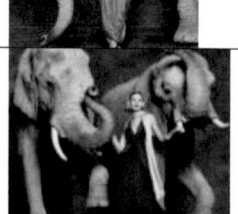

Abb.12: Pirelli 2009. URL: http://www.focus.de/auto/ratgeber/unterhaltung/pirelli-kalender-2009-models-und-elefanten_did_21164.html (Zugriff: 02.08.2010)	
Abb.13: Pirelli 2009. URL: http://www.focus.de/auto/ratgeber/unterhaltung/pirelli-kalender-2009-models-und-elefanten_did_21164.html (Zugriff: 02.08.2010)	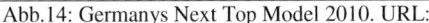
Abb.14: Germanys Next Top Model 2010. URL: http://www.prosieben.de/tv/germanys-next-topmodel/bilder/episode-11-circus-shooting-1.1688288/ (Zugriff: 02.08.2010)	
Abb.15: Germanys Next Top Model 2010. URL: http://www.prosieben.de/tv/germanys-next-topmodel/bilder/episode-11-circus-shooting-1.1688288/ (Zugriff: 02.08.2010)	
Abb.16: Dorian Leigh. URL: http://www.richardavedon.com/#mi=2&pt=1&pi=10000&s=5&p=0&a=1&at=0 (Zugriff: 02.08.2010)	

Abb.17: Dorian Leigh URL: http://www.richardavedon.com/#mi=2&pt=1&pi=10000&s=5 &p=0&a=1&at=0 (Zugriff: 25.07.2010)	
Abb.18: Dorian Leigh. URL: http://www.richardavedon.com/#mi=2&pt=1&pi=10000&s=5 &p=0&a=1&at=0 (Zugriff: 02.08.2010)	
Abb.19: Suzy Parker. URL: http://myvintagevogue.blogspot.com/2009/07/suzy-parker- wearing-madame-gres-gown.html (Zugriff: 25.07.2010)	
Abb.20: Veruschka. URL: http://pictureyear.blogspot.com/2008/09/veruschka.html (Zugriff: 25.07.2010)	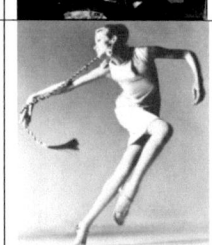
Abb.21: Veruschka. URL: http://the-style- hideaway.blogspot.com/2009/09/v-is-for-veruschka-classic- beauty.html (Zugriff: 02.08.2010)	

Abb.22: Sandra Bennett. URL:
http://www.richardavedon.com/#s=16&mi=2&pt=1&pi=10000
&p=7&a=0&at=0 (Zugriff: 02.08.2010)

Abb.23: Lyal Burr and his sons. URL:
http://www.richardavedon.com/#s=16&mi=2&pt=1&pi=10000
&p=7&a=0&at=0 (Zugriff: 02.08.2010)

Abb.24: Marlon Brando. URL:
http://www.richardavedon.com/#s=1&mi=2&pt=1&pi=10000
&p=4&a=0&at=0 (Zugriff: 02.08.2010)

Abb.25: John Lewis. URL:
http://www.richardavedon.com/#s=1&mi=2&pt=1&pi=10000
&p=4&a=0&at=0 (Zugriff: 02.08.2010)

Abb.26: Robert Mitchum. URL:
http://www.richardavedon.com/#s=1&mi=2&pt=1&pi=10000
&p=4&a=0&at=0 (Zugriff: 02.08.2010)

6. Literatur:

Avedon, Richard: Evidence 1944 - 1994, Richard Avedon : [anlässlich der Ausstellung "Richard Avedon: Evidence 1944 – 1994" ...]/ Hrsg. Mary Shanahan. München [u.a.] : Schirmer/Mosel, 1994

Avedon, Richard: Richard Avedon Porträts : [anlässlich der Ausstellung Richard Avedon Portraits im Metropolitan Museum of Art, New York]. München : Knesebeck, 2002

Avedon, Richard: Woman in the Mirror / Anne Hollander [Essay]. - München : Schirmer/Mosel, 2005

Midding, Gerhard: Unverdiente Intimität. In: Der Freitag von 24.11.2000. URL.: http://www.freitag.de/kultur/0048-unverdiente-intimitaet (Zugriff: 02.08.2010)

Sontheimer, Michael: Attentat auf Andy Warhol, 2008. URL: http://einestages.spiegel.de/static/topicalbumbackground/2063/1/_der_mann_ist_eine_biologische_kat astrophe.html (Zugriff: 02.08.2010)

Taube, Dagmar von: Veruschka von Lehndorff - Supermodel und Super-Exzentrikerin. **In:** Die Welt vom 17.11.08. URL: http://www.welt.de/lifestyle/article2738150/Supermodel-und-Super-Exzentrikerin.html (Zugriff: 02.08.2010)

Tobias, Daniela: Richard Avedon, 10. Juli 2005. URL: http://www.photozeichen.de/images/referat-avedon-portrait.pdf (Zugriff: 31.06.2010)

Weingarten, Susanne: „Jedes Foto ist ein Tod" - Der Fotograf Richard Avedon über Moral, Modebilder und die Unsterblichkeit. In: Der Spiegel von 19.09.1994, S. 234 URL: http://wissen.spiegel.de/wissen/image/show.html?did=9289381&aref=image017/SP1994/038/SP1994 03802300235.pdf&thumb=false (Zugriff: 02.08.2010)

Nachschagewerke:

Wikipedia:
Dovima. URL.: http://de.wikipedia.org/wiki/Dovima (Zugriff: 02.08.2010)
Suzy Parker. URL: http://en.wikipedia.org/wiki/Suzy_Parker (Zugriff: 02.08.2010)

Youtube:
Veruschka URL: http://www.youtube.com/watch?v=1f3ApRb50H0 (Zugriff: 02.08.2010)